D. S. Drwinland

Mi Feliz

Corazón

Cuando la Felicidad no tiene límites

¿Por qué un pequeño libro como este?

Es el día para salir de la escuela. Vamos a un lugar agradable con mucha diversión y emociones. Pueden ir los padres junto con nosotros los estudiantes.

Me sentí tan feliz cuando lo vi. Lo tomé de la mano y le dije con el sentimiento más grande de mi corazón: *me voy de viaje con mi amigo papi.*

Después de eso, lo que escuché fue tan deprimente y horrible. Un maestro que venía detrás de nosotros dijo: *no Sam, tu papá no es tu amigo, él es tu papá.*

En cambio, mi padre respondió con las palabras más breves y sabias que jamás haya conocido: *Está bien. Puedo ser ambos.*

Ahora entiendo por qué la maestra dijo lo que dijo: *tienen miedo de la relación y de la corrección.* No quieren ser amables hasta que te dicen lo que sea sobre algo que no está bien.

Pero mi padre rompió esa regla.

Pensó diferente y vio que todo niño puede tener mucha mejor

capacidad intelectual y aplicar cualquier regla con el mejor de los resultados después de ser corregido con una aptitud amistosa y no reprendido de modo que se auto perciba culpable sin dar solución al problema.

Revise cada capítulo y dígame si esto no es cierto.

Al final del día, muy a pesar del mundo difícil que tengamos, podemos encontrar una forma divertida de aprender cada cosa y solucionarla de inmediato.

La confianza en uno mismo se alcanza por la confianza que otros generan con sus buenas relaciones.

Si nuestros padres consiguen ganar nuestra confianza, en vez de reprimirla, daremos mejores resultados. Y como suele mi papi decir: no toda cosa buena se consigue de la manera más sencilla. Tampoco las malas, pero es lo que nos han hecho creer en el ambiente en el que nos movemos.

El secreto de Sócrates

Estuve jugando por lo menos dos horas entre mis juguetes y el celular, cuando llegaba la hora de hacer la tarea.

—¡Baaagg! No quiero hacer la tarea. ¡Quiero jugar más, más, más!

—¿Qué tal si después de los deberes jugamos a otra cosa? Puedo ser el monstruo: gruuuuaaaw! —Dijo mi padre con tono amable.

—Pero, no quiero hacer la tarea.

—Mira, la tarea no está en juego. Hay un tiempo para aprender y otro para divertirnos. ¡Entonces, hagamos la tarea y juguemos con más actividades divertidas después!

—¡Síiiiiii!

Mi papá me hace sentir increíble cuando hace todo ese programa solo para ayudarme a hacer mi tarea con entusiasmo y motivación.

Él suele cuestionar mis dudas y yo hago mi propia investigación al respecto.

El secreto de Sócrates: cada vez que hago una actitud opuesta o una reacción negativa, él solo me hace una pregunta sin decírmelo directamente, haciendo énfasis en la que deja mayor motivación, aunque la otra tenga su nivel de importancia. Así ninguna pierde su sentido y se aprovecha mejor el tiempo.

Otros padres utilizan la técnica común: ***No, no, no. Vas a hacer tu tarea y eso es todo. Se acabó.***

Pero, mi padre es amigo y padre al mismo tiempo. ¿No es genial?

Ejemplo del Secreto de Sócrates:

—¿Puedes identificar el problema dentro de esa ecuación, hijo?

—No la entiendo para nada.

—¿Qué tal si te enfocas en darle resultado a cada parte? Al final, tendrás un resultado único.

—Suena más sencillo.

Cada situación amerita buscarle su esencia para ejecutar el mejor de los resultados. Hay una estrategia en cada cosa que hacemos. Descubrir el modo de usarla es vital.

No hay problemas, solo personas incapacitadas por sus

emociones para ver la solución a cada cosa.

Otro escenario sería este:

—Hijo, ¿recogiste tus juguetes?

Mi padre está viendo los juguetes tirados, pero aun así espera que yo sea el responsable de darle una respuesta.

—No papi.

—Si no quieres recogerlos y ponerlos en orden, vamos a regresarlo a la tienda. Sería un problema menos.

—No, no papi. Ya lo haré.

—Es importante hacernos responsables de todo aquello que nos gusta. Si no puedes lidiar con algo que te gusta, entonces, no podrás comprometerte con una felicidad solo para ti. La felicidad requiere esfuerzo, voluntad, dedicación, compromiso, responsabilidad. Si logras entender esto, serás una persona llena de dicha.

Organizando con diversión

Cada vez que mis compañeros en la escuela me cuentan cómo sus padres hacen que todos organicen los juguetes, la ropa, los juegos u otra actividad, su llanto se refleja en sus rostros, también la rabia y la seriedad.

Pasan un día estresante. La tarea que debían aprender o tener lista, no lo está. Todo porque debieron enfocarse en algo que sus padres querían y descuidaron todo lo demás.

Mucho tiene que ver la manera en que se piden las cosas.

Además, también puede ocurrir que hacen la tarea por cumplirla y listo, pero descuidan otras áreas de la educación también importantes.

Para tener una mente abierta debemos aprender a usar una balanza, un equilibrio. Como al caminar sobre una soga. Debemos aprender a usar nuestro tiempo en cada actividad.

La diversión no está fuera de estas tareas. Tanto los niños como los padres debemos aprender a controlar nuestras emociones para sacar el mejor provecho cada día.

La manera extraña de mi papá ayudarme a organizar es muy distinta de otros padres.

En cierta ocasión, había tirado mucha ropa sucia al piso. Me encantaba tirarme sobre la ropa sucia antes de que mi madre las echara a lavar.

Mi padre llegó cansado del trabajo aquel día y, en vez de reprocharme por tener este inmenso desastre, se tiró conmigo sobre la ropa y dejó salir un aire de cansancio enorme.

Me dijo muy feliz: qué bueno es estar entre tanta ropa.

Al instante empezó a olerla y se mostró con gesto incómodo.

—¿Qué es ese olor?

—La ropa está sucia, papi. —Le dije con mucha emoción.

—Oh, no. Pensé que estaba limpia. Debemos darnos un baño, pronto. No debemos tirarnos sobre ropa sucia jamás. Los insectos nos comerán vivos.

Y fuimos de inmediato a quitarnos el sucio acumulado en medio de una corredera juguetona y risas.

La idea es fluir con la situación. Si los adultos no se acostumbran a compartir la emoción del momento con nosotros los niños, seremos estimulados a reprimir nuestra sensación de felicidad.

Cuando seamos adultos, seremos personas sin emociones, desconfiados y nada simpáticos. Veremos solo control y reglas en nuestra vida. No habrá nada más que una vida estricta.

Tiempo después, me di cuenta de que mi papá solo fingió no saber que la ropa estaba sucia. Todo para hacerme sentir bien y no reprocharme de una manera inapropiada en el momento, sin dejar de darme la corrección.

Salida familiar

Cuando salíamos a pasear al aire libre, era notable la cantidad de niños que no se reían ni disfrutaban en los parques ni en los centros de entretenimiento.

Me apenaba mucho que ellos no disfrutaran de esos breves momentos tan encantadores. Le pregunté a mi papi el por qué esos niños no jugaban.

Su respuesta fue la siguiente: el exceso de reglas mal dadas los ha vuelto tensos para poder disfrutar de su niñez. Ahora son adultos en cuerpos de niños. Todas las reglas deben obedecerse, pero no podemos descuidar la capacidad de sentirnos felices por todo.

Cada vez que hacíamos una salida, mi padre ayudaba a mi madre con el equipaje si era muy lejos que íbamos a pasear.

Si solo era al parque o al centro comercial, papi nos lavaba la cara y se ocupaba de poner agua en una bolsa o, de asegurarse que el auto estuviera en optimas condiciones para la salida, mientras mami arreglaba nuestra ropa y nos peinaba.

El trabajo se hacía mejor en equipo y siempre era muy entretenido y ameno.

Muchos padres discuten al salir a divertirse. Es una cosa absurda, pero así es como sucede. Ellos están sometidos por sus muchas presiones y descargan toda esa frustración sobre nosotros los niños y entre ellos mismos también.

Cuando los niños nos frustramos y nos molestamos por algo, no es que podamos controlarlo. De saber cómo hacerlo no haríamos tales berrinches.

Cierto día, mi papi nos llevó a jugar al patio en una piscina pequeña junto a mí hermano. Nos divertimos muchísimo.

Ahora también tenía un hermano con el cual compartir todo lo que mi papi me había enseñado.

Los fines de semana salíamos a pasear por los centros comerciales y parques, áreas de entretenimiento, juegos electrónicos, entre otros placeres en familia.

Mi hermano y Amigo

En muchos escenarios familiares, los hermanos tienen por costumbre discutir y pelearse mucho. Eso es hasta que les toca tener un padre como el nuestro.

Nosotros jugamos de manera correcta y no tan correcta. Pero como tenemos un padre flexible, que aquello que nos enseña lo hace con dulzura y excelente trato humano, pues vale mucho la pena seguir esas directrices.

Nuestro padre quiere que sepamos muchas cosas. Para eso nos prepara. Hace ejercicios y nosotros lo imitamos. Si escucha música, nosotros queremos escuchar lo mismo, juega con nosotros, se disfraza, canta karaoke, ve televisión con nosotros y juega en los equipos electrónicos.

Se pone a bailar, a correr dentro de la casa y hacer trabajos, reparaciones, oficios, queremos ver el modo en que podemos cooperar. Siempre nos abre un espacio para que veamos cómo se hacen las cosas en una casa.

Cuando estamos cansados, descansamos sobre sus hombros. Siempre nos da abrazos y nos dice cuánto nos ama. Igual que nuestra madre.

Ahora que tengo a mi hermano puedo jugar con él y compartir mis juguetes. Pero no me gusta darle mis preferidos.

Mi padre viene y nos dice que debemos tomar turnos. Para asegurarse que cada uno cumpla con el tiempo estimado, nos pone una tarea para realizar si no cumplimos con el trato.

Lo mismo ocurre cuando no nos queremos dormir. Tendremos que estar en la cama arropados si no queremos dormir con las luces apagadas. Cosa que no nos gusta. Pero eso no impide que nuestros padres nos den un beso y un abrazo antes de dormirnos.

Ajustarnos a las reglas no impide que ellos no sean amables y respetuosos.

Lo mismo que vemos en ellos, es lo mismo que mi hermano y yo practicamos como ejemplo. Nos respetamos y nos motivamos a seguir todas las normas con alegría.

Es el único modo de hacer que nuestro cerebro retenga de mejor modo la información que necesitamos para sobrevivir.

Muchas veces queremos hacer todo de un solo modo. Pero este pensamiento resulta de una persona con mucha tortura de su aprendizaje y pocos resultados positivos.

En general, es a causa de una defensa emocional que las personas se tornan violentas. En especial, con sus seres queridos.

Mi madre Amiga

El sol amanece cálido cuando eres amado. Tener capacidad para apreciar la vida de manera consciente es un tesoro invaluable.

Sentirnos amados es como el respirar con calma que ejercitamos cada vez que hacemos un juego que nos gusta.

La felicidad es poder abrirnos de la mejor manera, con gran entusiasmo y optimismo a cada día que recibimos. Aun si la salud no es la mejor.

Mi madre es muy amorosa. Eso no deja de lado que nos corrija al igual que papi.

Aferrarse a las reglas de manera extremista lleva a las personas a no ser fluidas con las condiciones que se presentan en cada circunstancia.

Por ejemplo, cuando mi madre busca cocinar los alimentos y estamos muy cerca de la cocina, donde hay riesgos para nosotros, podemos quemarnos o tropezarnos por cualquier motivo, entonces ella nos mueve los juegos hacia un lugar donde no seamos un peligro ni un riesgo.

Esa es una norma fácil de obedecer. Pero cuando no ponemos de nuestra parte, se hace complicado poder comunicarnos.

A mi hermano le encanta abrir la nevera

Ella insiste repitiendo las reglas de manera que la obedezcamos. Eso le ahorra tiempo y le permite asegurarse de que estemos bien tanto fuera como por dentro.

El futuro es proporcionar a los eventos presentes. Cada manera en que reaccionamos ahora es lo que define el cómo seremos mañana.

Mi madre y padre no siempre son geniales por ser nuestra autoridad y amigos al mismo tiempo, pero lo que hace que los escuchemos en todo es su paciencia y su simpatía al momento de solicitarnos cualquier cosa.

Siempre dicen que la educación debe estar presente en el modo en que nos expresamos. Si nos descontrolamos, incluso, mi hermano y yo podemos exigir calma. Las reglas son para todos.

Además, nunca dejan de amarnos por cualquier motivo que hayamos cometido.

Separan el hecho de la situación familiar. No le haces daño a un ser que dices que ama por alguna razón que haya sucedido. A menos que ese amor sea limitado.

En todo caso, el amor no es consentido siempre. El amor verdadero te entrena para ser fuerte y capaz en circunstancias que lo ameritan.

En muchas mentes, la idea del sufrimiento es parte del rencor y el odio que en ocasiones algunos liberan de tanto que acumularon en la edad en la que me encuentro, diez años.

El resultado de nuestras respuestas al mundo que nos espera, una vez adulto, será el cambio que manifestaremos en cada renglón de nuestras vidas futuras.

Los padres atraviesan por mucho. Nosotros los hijos no somos los culpables. Ellos tampoco tienen culpa alguna de los daños que suceden por motivos de poca voluntad o no preparación.

Cada ser humano que no sabe cómo manejarse en sus emociones, son solo víctimas de alguien que les dañó el patrón psicológicamente saludable con el que nacieron.

Sanar esas heridas toma su tiempo. Sobre todo, porque es como volver las agujas de un reloj hacia atrás.

Este conocimiento es el que mi padre me transmite. Me permite entender las condiciones por las que a veces cometemos errores y ciertos fracasos.

La meditación, prácticas de respiración, ejercicios de relajación como el baile, momentos familiares, juegos, dinámicas, actividades graciosas, congregaciones de fe, grupos de ayuda en la comunidad, son fundamentos que todo ser humano debe llevar consigo para poder suavizar las cargas de las exigencias de sus tareas.

Toda tarea que tenga como resultado una enorme responsabilidad, debe traer consigo también un modo de aligerar su tensión. Si no se hace de este modo, estaremos perdidos.

El extremo de cada trabajo o tarea solo corrompe la salud física y mental del ser humano.

Los excesos no son soluciones.
Por eso enferman y trastornan el
comportamiento de cada ser humano si
no aprendemos a conservar la calma,
abrazando siempre lo peor en todo lo
que nos rodea.

En vez de abrazar la vida,
aquella que ahora comprende nuestra
existencia. Tener la dicha de solo
respirar, hablar, saberme como
alguien, lleno de plenitud y
consciencia, es un milagro si lo vemos
desde fuera del planeta tierra.

Progreso en todos los aspectos

La felicidad se desconecta de la mente de aquellos que pasan mucho tiempo sentados, a veces, queriendo aprovechar sus energías en cosas dañinas y amargas.

Pensar en todo lo bueno para uno mismo y los demás, ese debería ser el propósito de todo ser humano.

Mi papi nos trajo una alcancía en una ocasión. Nos motivó al ahorro. Decía que debíamos acumular momentos de felicidad como pago ante cada esfuerzo correcto que ejercíamos.

Ese dinero nos serviría para comprar cosas que deseábamos: juguetes, caprichos, comidas rápidas.

De hacer cosas no apropiadas, lastimar a mi hermano menor, discriminar a otras personas, burlarme de alguien en la escuela, hacer bromas pesadas, me restaría de lo acumulado una cantidad.

De esa manera, manteníamos en la mente una motivación para hacer lo correcto siempre. Con la satisfacción de disfrutar al mismo tiempo el hacer lo correcto.

Se percibía como algo condicionante, pero para muchas cosas no correctas, las personas no definen si hay condiciones o no.

No se trata de si nos gusta o no, hay que hacer lo correcto siempre.

El resultado de una vida feliz es el esfuerzo diario de pequeñas tareas que se hacen desde el bienestar personal.

Esta alegría generada, será transmitida a quienes me rodean.

La vida es el progreso de cada etapa. No vamos en retroceso, vamos hacia el avance, caminando al futuro dentro de un presente bien organizado.

Los que se detienen ante la vida, ella les pasará por encima, porque la vida nunca se detiene. Te ofrece paz en medio de la misma capacitación. Te lanza por lugares llenos de sorpresas para hacerte crecer al atrevido reto de madurar cada día.

Ser niño es poder disfrutar mi etapa para poder entender las siguientes en la medida que la vida misma me vaya moviendo.

Un día despertaré y tendré vellos en ciertas partes del cuerpo. Debo ver cómo hacer de mi etapa la mejor de todas. No vivir una etapa que no es la correspondiente a mi edad. Sacar el mejor provecho de lo que soy ahora.

En ocasiones, muchos niños en mi escuela están aturdidos por responsabilidades que sus padres han puesto sobre sus hombros.

Un compañero de clase me dijo que sus padres le ponen a hacer demasiados oficios y no puede terminar su tarea.

Comprendí que eso no es correcto. Mis padres me ponen oficios de la casa, pero las tareas de la escuela deben estar completadas para entonces.

Hasta escucho programas de finanzas junto con ellos para administrar apropiadamente el dinero.

Otro niño no se encontraba bien un día. Se tocaba mucho el hombro derecho porque le dolía. Le pregunté la razón.

Me dijo con una tristeza en los ojos que su padre le apretó muy fuerte queriendo repetirle algo más de cinco veces.

¿Por qué no lo escuchaste desde la primera vez? Tuve que decirle.

Me pareció gracioso bromear un rato. Pero luego se puso de mal humor y me forzó a comprender lo que deseaba decirme. Me puse tan nervioso, que no escuché lo que quería decirme. Solo veía un monstruo sacudiéndome de un lado a otro.

No creo que pueda confiar más en él.

Pero es tu padre. Y no te dejará tranquilo hasta que seas mayor de edad. Además, la sociedad lo apoya. Tu siempre serás un niño malcriado si no lo obedeces.

Y aquel niño me dijo: Esperaré hasta la edad adulta para salir de la casa y no volver jamás allí.

El progreso mental de este niño no tendrá un soporte a menos que su padre le pida perdón por haberlo sacudido tan fuerte su hombro.

Si su madre le ayuda, es posible que logre hacer que su padre hable con él. De lo contrario, tendrán como consecuencia un trauma de por vida.

Lo que hace que dependamos de hábitos muy dañinos en un momento determinado, es el entrenamiento dentro del mismo. El dolor emocional nos lleva por senderos oscuros. Las decisiones que tomemos desde ahí serán desastrosas para el mundo de esa persona.

La vida no será bonita, ni interesante. Será como un camino oscuro, incierto, negativo, lleno de personas molestas y para nada amorosas.

Verá a su padre molesto en cada persona que lo rodea. Pasará su tiempo amargado pensando que todo el mundo gira alrededor de dicha idea: los niños son castigados por sus padres abusivos y no tienen quién los proteja ni defienda.

De conseguir salir de ese círculo, se dedicará a crear alguna manera para ayudar niños con tales situaciones y se construirá una fundación para proteger a los niños de comportamientos violentos de sus padres.

El mundo se somete a realidades lamentables. No siempre es lo que esperamos. Desechar lo que nos retrasa y aprovechar lo que nos beneficia, no siempre es tenido en cuenta debido a nuestra fuerza incapacitada por historias como la de ese compañero.

Sanar la mente, sanar la historia, sanar las precariedades de las finanzas, son partes importantes de nuestra capacidad de vivir en todos los sentidos.

El cuerpo se enferma mucho más a menudo cuando vivimos con estos pensamientos. No es una idea abstracta, no es algo que pende de una fantasía, es ciencia.

El metabolismo que baja sus defensas por motivos de desánimos se enferma con mayor proporción.

Triunfos y sueños

El progreso se consigue con pequeños triunfos acumulados y la estrategia oculta dentro de cada uno.

La buena inversión se desarrolla a partir de ciertos sacrificios para atrapar grandes momentos de felicidad. Nadie se hace de grandes logros sin voluntad y esfuerzo.

Algunos atraviesan por pesares lamentables, como mi compañero de clases. Otros nacen en lugares donde la necesidad supera sus intensos esfuerzos por el progreso. Así que les toma mucho más tiempo de no desarrollar una mente fuerte y capaz.

Los triunfos se alcanzan con una mente pulida, fresca, alegre, optimista, animada y convencida de que lo conseguirá.

Los sueños se trabajan de acuerdo con las urgencias. Si decides que quieres acumular juguetes, centros donde otros niños puedan disfrutar, entonces debes investigar lo que tienes que hacer para adquirir dicho sueño, que después se convertirá en tu empresa.

Los sueños se alcanzan en la medida del esfuerzo invertido en alcanzarlo. Cuando ya parece que no puedes por motivos que llegarán de manera inesperada, también los motivos para seguir aparecerán como la esperanza al final del túnel.

Lo que anhelamos con todo el corazón para hacer de este mundo un lugar mejor, siempre tendrá como resultado el éxito al final del día.

A veces se trata de conseguir estos sueños realizados a tiempo, para disfrutar de sus triunfos con la calidad de los años. En ocasiones, no siempre llegan a la edad que deseamos, precisamente, por lo que ya mencioné acerca de las circunstancias en las que nacemos.

Mis padres me explicaron todo esto desde temprana edad. Pero la satisfacción no tiene tiempo, ni edad, ni lugar, ni excusas.

Si tu alegría es conquistar un sueño que ayudará a cientos de personas a mejorar la calidad de vida que ahora tienen, no tienes por qué sentir tristeza si todavía no lo has conseguido.

Debes continuar haciendo tu mejor esfuerzo, investigando más, buscando ayuda, solicitando favores, recurriendo a tus ahorros para generar una inversión inteligente.

En la vida todos tenemos necesidades. Conseguir una buena administración de las necesidades de otros, es una excelente idea para motivarnos a seguir mejorando el mundo.

Los que inventaron la cuchara debieron estar muy incómodos comiendo con sus manos, hasta que notaron que podían crear un instrumento que les facilitara esa acción. Ahora existen cientos de modelos con la misma tarea: llevar la comida del plato a la boca.

A las personas les encanta proyectar sus sentimientos y emociones a los objetos. Por dicha razón, muchos comerciantes desarrollan modelos que inspiren a cada tipo de cultura, grupos y etnias que buscan arte en sus instrumentos.

Con esto surgen las pinturas, las obras de artes, los grandes diseños estructurados en las ciudades. Todo con el fin de mejorar la vida, el tiempo, la experiencia, las emociones, la felicidad de un gran sueño cumplido.

Desafíos con la seguridad

El mundo que nos rodea no es saludable en todos los aspectos. La contaminación no es solo ambiental. Hay corazones destrozados por una mala infancia.

Tantos años sometidos al mundo oscuro en el que crecieron, dieron ideas lamentables y tristes. Estas personas están enfermas. Ahora quieren hacer que aquellos que le provocaron este sufrimiento paguen por todo.

El mundo que gira sobre aquellos niños lastimados los arrastra hasta las escuelas con mucha rabia y violencia en sus mentes.

Es el mecanismo en que funciona el cerebro. Tiene que buscarle una salida a todo aquello que reciba. Si es amor, amor daremos. Si es odio, odio daremos.

A menos que consigamos romper con la madurez este mecanismo, no conseguiremos a tiempo salir de esa mala interpretación de la energía.

Y como niños, raras veces tenemos la facultad de madurar a tiempo. Por esto, nos asociamos con los pensamientos primeros que recibimos. Establecemos eso que escuchamos como la ley de nuestras vidas.

Los adultos nos preparan el camino que tendremos en adelante.

En mi hogar, como las reglas son el eje central para que todos tengamos un balance al momento de comportarnos, incluso yo, siendo un niño de diez años, puedo corregir a mi padre si levanta su voz con enojo.

Cuando voy a la escuela, algunos niños son tímidos y están sumergidos a causa de sus pesares en un lugar oscuro dentro de sus mentes, pensando cosas feas, teniendo pesadillas. No pueden concentrarse en sus estudios.

Otros, consiguen usar ese enfado en molestar a estos niños callados, que se ven a sí mismos como víctimas, porque ya no se reconocen con ninguna importancia para nada.

Aquellos que los ven sin ese sentido de la vida, los notan, porque ellos están de igual modo, solo que alterados. Se les lanzan a crearle muchos más problemas, en vez de usar sus fuerzas y energía para sorprenderlo con palabras dulces y amables, con regalos que le levanten el ánimo, que lo impulsen a terminar con bien sus tareas.

Se enfocan como niños llenos de violentos actos en sus hogares en tener que buscar dónde desahogar de mala manera sus impulsos descontrolados.

No tienen que reprimir esa energía, solo darle sentido. Los profesores que conocen estas situaciones pueden poner a estos niños a trabajar el patio de la escuela o usar terapias de golpes a un muñeco para determinar de dónde surgió ese comportamiento y hablar con aquel que se lo impuso.

También pueden mostrarles videos donde hay otros niños haciendo el mismo daño a otros pequeños solo porque buscan liberar sus frustraciones causadas en sus hogares.

Al hacerlos conscientes de estos asuntos, podrán ver como en un espejo lo que realmente está ocurriendo en la realidad y el mundo de la otra persona.

Para mejorar nuestra vida, debemos caminar llenos de valor, con la cabeza en alto, ojos abiertos, apreciando los milagros con las sonrisas olvidadas y minimizar el sufrimiento en todas sus formas en aquellos que lo están recibiendo.

Así romperemos todas las cadenas forzadas de corazones amenazados y violentos y, conseguiremos una calidad de vida mucho mejor.

Separando el hecho de que estamos siendo amenazados por industrias poderosas que buscan perturbar la psicología saludable de los niños junto con la de los adultos.

La exposición de armas de fuego en los programas televisivos, el cine, la radio, los libros, la calidad de programas sin censura ni control en la internet, están creando una mentalidad con un futuro caótico y penoso.

Debemos luchar por abrazar la vida, no lo contrario.

Amar el mundo donde nos ha tocado vivir. Todos somos vecinos, somos un solo cuerpo que busca darle su propósito a cada miembro de la existencia.

Gracias por escucharme

Siendo un niño con una enseñanza transmitida para el bienestar de otros, me vi en la obligación de pedirle a mi padre que hiciera de este tratado un pequeño libro para ayudar a tantos que lo necesitan y la están pasando mal a causa de la ignorancia y las pocas respuestas correctas en su camino.

Espero que puedas encontrar el ánimo y el propósito que enciendan en ti la capacidad de ejercer lo mejor mientras consigas estar vivo.

No tienes la vida controlada a la perfección porque no eres quien determina esto. Pero puedes darte un lujo que otros no pueden al seguir las reglas con alegría y mantenerte sano hasta donde alcance tu cuerpo y tu mente por el bien tuyo y de los demás.

Solo así conseguiremos balancear los momentos turbulentos con aquellos que valen la pena disfrutar.

Por una vida mejor, un mundo más sano. No dejes de ser feliz.

Suscríbete al canal del autor D. S. Drwinland: audiolibros geniales. Comparte cada uno de sus libros y dale a la campana para seguir recibiendo muchos más libros futuros.

Gracias.